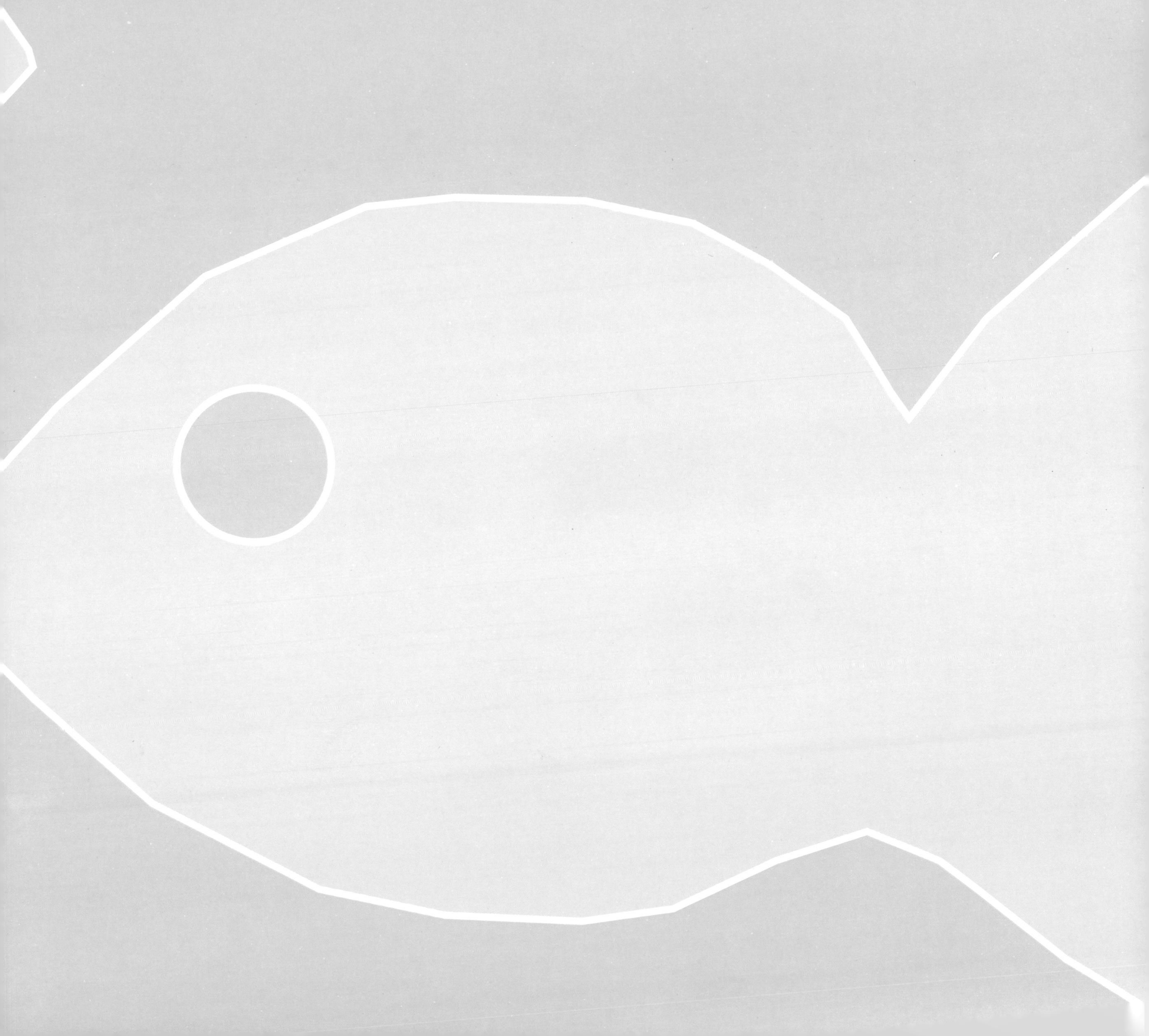

創意小畫家系列

水　彩

M. Àngels Comella　著

本公司編輯部　譯

三民書局

國家圖書館出版品預行編目資料

小普羅藝術叢書．創意小畫家系列

M. Àngels Comella 著；三民書局編輯部譯.
－－初版. －－臺北市：三民，民87
冊； 公分
ISBN 957–14–2871–X（一套；精裝）

1.美術－教學法 2.繪畫－西洋－技法

523.37   87005794

網際網路位址　http://www.sanmin.com.tw

◨ 水　彩

著作人　M. Àngels Comella
譯　者　三民書局編輯部
發行人　劉振強
著作財
產權人　三民書局股份有限公司
　　　　臺北市復興北路三八六號
發行所　三民書局股份有限公司
　　　　地址／臺北市復興北路三八六號
　　　　電話／二五○○六六○○
　　　　郵撥／○○○九九九八——五號
印刷所　三民書局股份有限公司
門市部　復北店／臺北市復興北路三八六號
　　　　重南店／臺北市重慶南路一段六十一號
初版二刷　中華民國九十年二月
編　號　S94068
定　價　新臺幣貳佰捌拾元整
行政院新聞局登記證局版臺業字第○二○○號

有著作權　不准侵害

ISBN　957–14–2873–6（精裝）

每當我們要畫一幅圖畫的時候，首先便會想，用哪一種工具最適合呢？應該不會有人用彩色鉛筆來塗自己家裡的牆面吧！除非他想使他的家變得很不尋常，那就另當別論了。當然囉！也應該沒有人會用塗牆壁的油漆刷來寫信吧！所以，我們應該先看看要創作什麼樣的圖畫，再決定該挑選哪一種工具喲！

就水彩來說，在某些畫材*上，水彩可以讓我們運用自如，表現流暢；但是，在另外一些情況下，就不是那麼恰當了。

在這本書裡，我們示範了運用水彩來畫畫的方法，大約有十種，當然還有更多不同的方法，甚至比一般人想像的還要多更多呢！有的方法到現在都還沒有人嘗試過，你可以來當那一位發明新技巧的人喔！

讓我們一起來尋找潛藏在我們腦海裡的點子，那些經常跳躍在我們腦海裡的想法，並且把這些用畫畫表現出來吧！

我們希望這一本書可以鼓勵小朋友勇於嘗試畫畫；同時，也讓小朋友能多認識
一些這項畫畫的工具：
水彩。

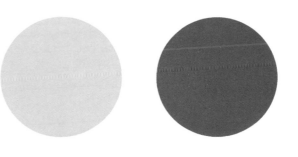

我們相信
你一一定會喜歡得
不得了了喔！

水彩可以產生各種不同的效果喔！ ● ● ● ● ● ● ● ● ● ● ● ● ● ● ●

用水彩著色的方法有：

● 用畫筆的筆尖。　　● 用力把畫筆壓扁。　　● 用一枝非常溼的畫筆。　　● 用一枝非常乾的畫筆。　　● 或是用你的手指頭。

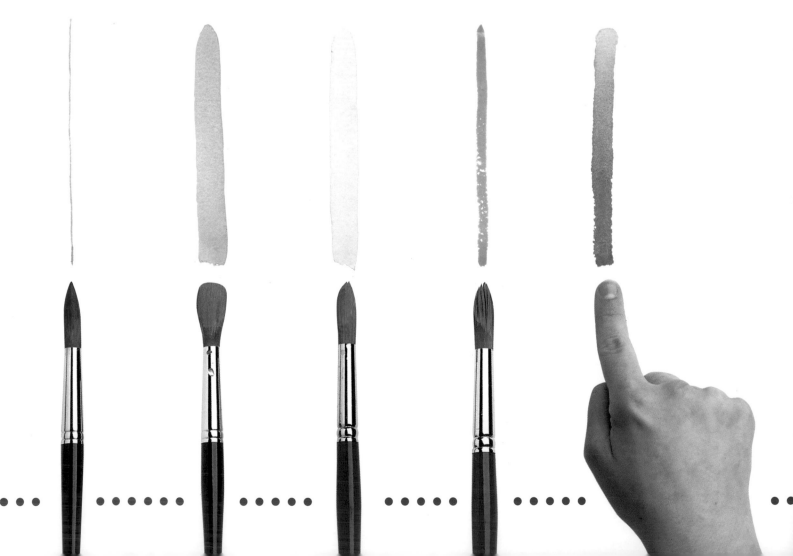

我們也可以這樣著色：

● 把水彩塗在弄溼的紙上，然後看看顏料是怎麼散開來的。

● 如果把兩個顏色塗得很近，顏色便會化開溶在一起喔！

● 趁著顏料還沒有乾的時候，我們可以把第二個顏色塗在第一個顏色上面。

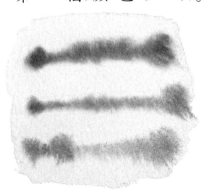

● 或是塗在乾的紙上。

● 用許多的顏色來著色，漸漸地加水，便會產生由深到淺的漸層喲！

● 或者等到第一個顏色乾了，再塗第二個顏色。

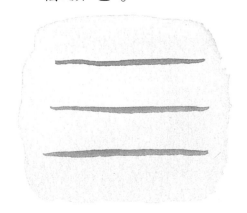

當我們在一個還沒有乾的顏色上面塗另外一個顏色時，水彩便會混在一起喔！

把藍色斑點塗在還溼溼的黃色背景上面，一個新的顏色便產生了耶！

我們可以用藍色的線條來代替斑點。

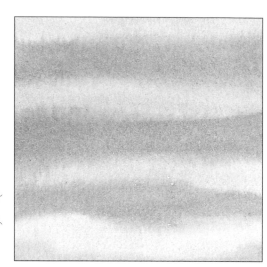

在一些已經乾了的藍色線條上，畫幾條黃色的線條，藍色的顏料還是可以看得到。

我們也可以對著還沒有乾的顏料吹氣，讓兩個顏色混在一起。

或者在顏料還沒有乾的紙上，用力壓一下，來混合顏色。

用手指頭把還沒有乾的顏料塗開來。

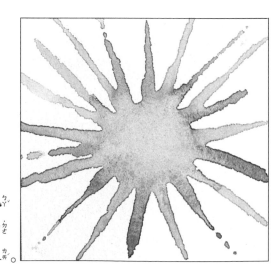

如果我們在開始畫畫以前，把圖畫的一部分留白*或是遮蓋起來，
便可以做出各式各樣的圖案喔！等顏料乾了以後，再把遮蓋物拿開。

我們可以用遮蓋膠帶，遮蓋出一些線條來。

或者也可以從遮蓋膠膜上，剪出不同形狀的遮蓋物。

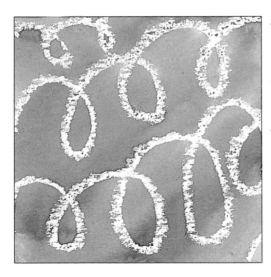

也可以用蠟筆遮蓋出線條。我們先用白色蠟筆畫出一些圖案，然後在上面塗顏色。

或是先用水彩塗出背景，乾了以後，再用蘸水的畫筆畫出圖案來。

我們可以不用畫筆畫畫。

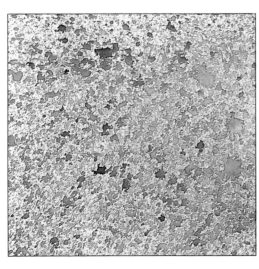

顏料可以利用牙刷噴灑開來。

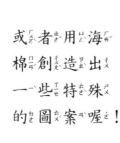

或者用海棉創造出一些特殊的圖案喔！

當水彩和其它材料混合的時候，會創造出各種不同的效果喔！

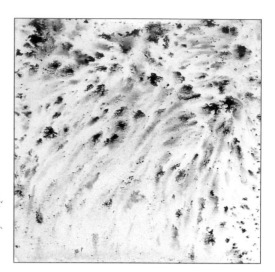

我們在水彩的表面撒一些鹽巴，然後觀察鹽巴是怎麼樣溶解以及在顏料間散開來的。

我們在黃色的水彩上撒了深藍色的紡織品染料。

用水彩在不同的表面上著色，也可以創造出不同的效果喲！

特製水彩畫紙的吸水性很好，我們可以看到顏料下面水彩畫紙的顆粒。如果加入更多的水，顏色會變得更淡了。

如果我們在硬紙板上著色，因為硬紙板不太吸收顏料，所以會產生不同的紋路。

軟木墊比水彩畫紙更吸水，所以水彩很容易就能附著在它的表面上。

用水彩把自己的點子表達出來,就是發明新技巧的最好方法喲!
我們在這裡有一些提示,可以幫助你開始。

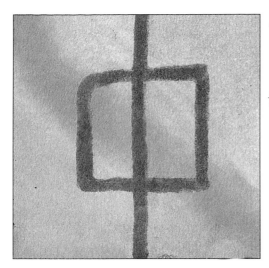

用白色的水彩把色紙著色。用蘸了水的畫筆把圖案畫出來。

先用水彩鉛筆畫出圖案來,然後在上面塗顏色,圖案看起來便會有點兒模糊喔!

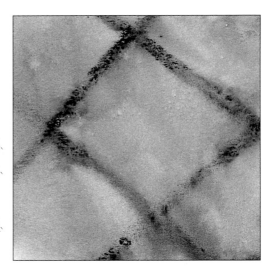

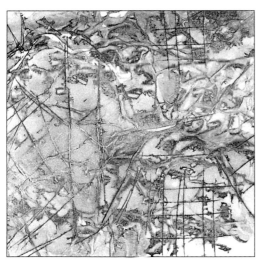

在卡紙上黏一張薄的、有摺痕的紙。在紙上割出線條,然後在上面塗顏色。
把線浸泡在黑色水彩裡,然後放在溼溼的、有顏色的背景上。乾了以後,把線拿開。

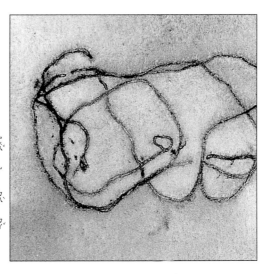

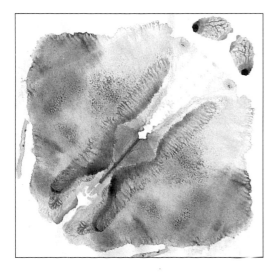

在一張紙的半邊著色。在顏料還溼溼的時候,把紙對摺。然後,再把紙打開來,讓它乾。

在水彩背景上撒一些粉狀的食用色素。

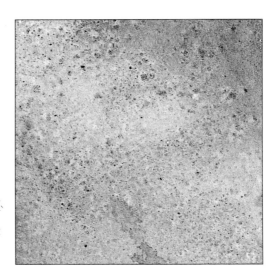

從第12頁到第31頁，我們會一步步地來解說這些技巧。

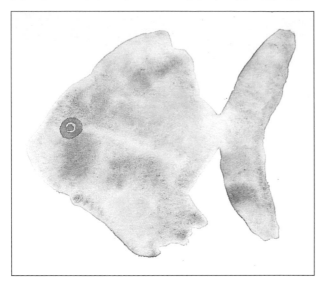

鮮豔的……
水彩和水

吸引人的……
遮蓋

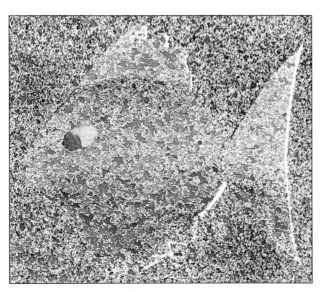

凹凸不平的……
被噴灑的水彩

原始有力的……
用白色蠟筆遮蓋

有稜有角的……
木材上的水彩

◆ 細緻柔和的……
層層著色的水彩

● 雜色的……
水彩和彩色筆

◉ 黏黏的……
水彩和香皂

◩ 優雅清楚的……
水彩和浮水染料

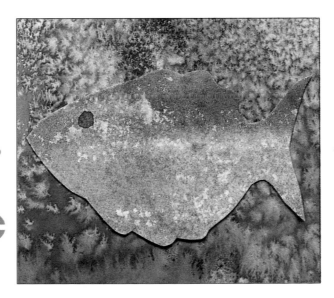

◒ 深奧稀奇的……
瘋狂的紋路*

當然還有許多
其他不一樣的
方法喔!

現在,就讓我們
一起把這些魚兒
創造出來吧!

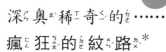

水彩會在溼的紙上散開來，但是在乾的紙上就不會。如果我們把紙張的某個部分用水沾溼，然後在中間滴上幾大滴的水彩，顏料只會散開到沾溼部分的邊緣。

1

我們先用水畫出一朵花的形狀來。

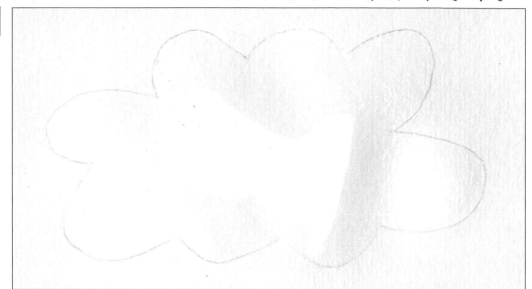

2

然後在花的中間，滴幾大滴黃色和藍色的廣告顏料。不同顏色的顏料會混在一起，而且散開成一朵花的樣子喔！

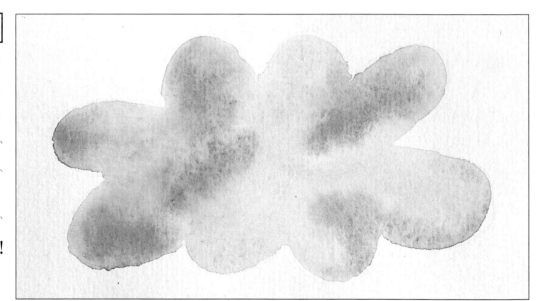

3

著色部分的形狀看起來好像一扇窗戶耶！顏料並沒有擴散到紙張乾的部分。

4

利_{ㄌㄧ}用_{ㄩㄥ}這_{ㄓㄜ}個_{ㄍㄜ}
技_{ㄐㄧ}巧_{ㄑㄧㄠ}，我_{ㄨㄛ}
們_{ㄇㄣ}可_{ㄎㄜ}以_ㄧ創_{ㄔㄨㄤ}
造_{ㄗㄠ}出_{ㄔㄨ}各_{ㄍㄜ}種_{ㄓㄨㄥ}
的_{ㄉㄜ}圖_{ㄊㄨ}案_ㄢ喔_ㄛ！
我_{ㄨㄛ}們_{ㄇㄣ}畫_{ㄏㄨㄚ}了_{ㄌㄜ}
飛_{ㄈㄟ}翔_{ㄒㄧㄤ}中_{ㄓㄨㄥ}的_{ㄉㄜ}
鳥_{ㄋㄧㄠ}兒_ㄦ和_{ㄏㄜ}星_{ㄒㄧㄥ}
星_{ㄒㄧㄥ}。

如果你知道怎麼樣遮住圖畫的某些部分，便可以先把窗戶、花等等的背景著色，然後再塗其它細部的顏色。

1 想一一想你要畫什麼呢？這裡我們想畫一盆花。

2 我們用遮蓋膠膜遮住花和花盆的部分。

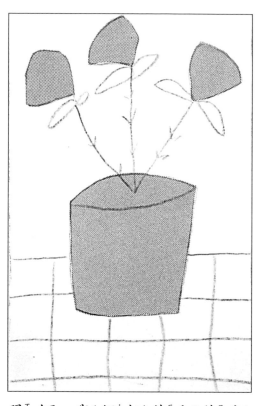

3 把背景*著色，等顏料乾了，再移開遮蓋膠膜。

4 現在，我們把花和花盆著色。

5

瞧！我們畫了一幅夜景。在把背景著色以前，記得喔！要先遮住房子和月亮。

當我們用水彩著色的時候，不一定要使用畫筆。
像牙刷，便可以產生一些好有趣的紋路呢！

1 先用鉛筆描出圖案*，並決定每個部分的顏色。我們可以像下面一樣，把每部分做記號，剪下來。

2 我們把 B 區和 C 區遮起來。用牙刷蘸顏料，再用拇指頭撥動牙刷毛，直到 A 區都已經塗上綠色了。

3 移開 B 區的遮蓋物，把 A 區遮蓋起來。遮住香菇的白點，然後用紅色顏料把香菇的頭著色。

4 在把黃色的莖著色以前，記得要放回 B 區的遮蓋物，而且要拿開 C 區的遮蓋物喔！

5

使ㄕ用ㄩㄥ這ㄓㄜˋ個ㄍㄜˋ
技ㄐㄧˋ巧ㄑㄧㄠˇ，可ㄎㄜˇ
以ㄧˇ創ㄔㄨㄤˋ造ㄗㄠˋ出ㄔㄨ
不ㄅㄨˋ同ㄊㄨㄥˊ的ㄉㄜ˙紋ㄨㄣˊ
路ㄌㄨˋ和ㄏㄜˊ色ㄙㄜˋ調ㄉㄧㄠˋ
喲ㄧㄛ˙！我ㄨㄛˇ們ㄇㄣ˙
可ㄎㄜˇ以ㄧˇ增ㄗㄥ加ㄐㄧㄚ
或ㄏㄨㄛˋ減ㄐㄧㄢˇ少ㄕㄠˇ一ㄧ
些ㄒㄧㄝ顏ㄧㄢˊ料ㄌㄧㄠˋ的ㄉㄜ˙
水ㄕㄨㄟˇ分ㄈㄣ，試ㄕˋ
看ㄎㄢˋ看ㄎㄢˋ會ㄏㄨㄟˋ有ㄧㄡˇ
什ㄕㄜˊ麼ㄇㄜ˙不ㄅㄨˋ同ㄊㄨㄥˊ
的ㄉㄜ˙效ㄒㄧㄠˋ果ㄍㄨㄛˇ。

在用水彩著色以前，
我們可以用白色蠟筆來遮蓋部分的圖畫。

1

用白色的蠟筆畫出你設計的圖來。

2

然後用水彩塗過。水彩不會覆蓋蠟筆畫過的地方，所以你畫出來的圖案還是可以看得到的。

3

把一張紙對摺。用蠟筆在左邊畫上圖案，在右邊也畫上相同的圖案，但是這次蠟筆只塗背景的部分。然後用藍色的顏料塗過，便會產生「正面*－反面*」對比的效果喲！

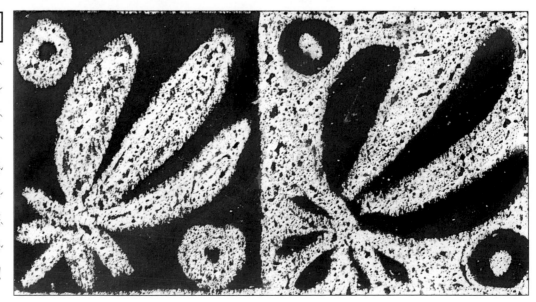

4

這張臉的
四個部分，
同樣是用
「正—反」
對比的技
巧畫成的
喔！

水彩是透明的，所以我們可以看得到它下面原來的樣子。當我們在木材上塗了顏色以後，木材的紋路還是看得到。

1

找到一片木材。我們可以在家裡找舊木材，但是要徵得大人的同意才可以拿來用喔！也可以用輕質的三夾板或是硬紙板。

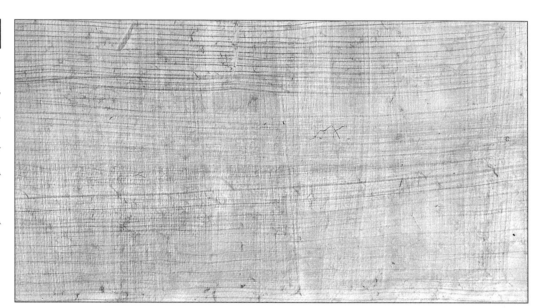

2

在木片上畫出一些圖案，例如樹葉。

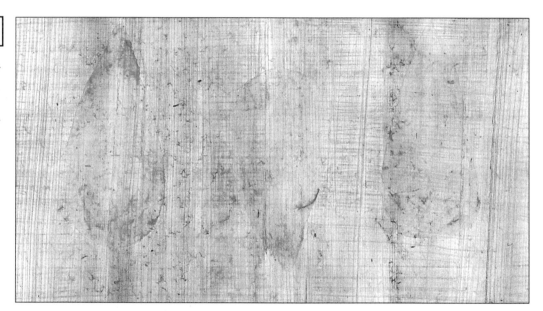

3

我們也可以繼續在圖案上塗好幾層的顏料。

你瞧！水彩幾乎不會在木片上混在一起。

4

在這張畫裡，
我們很容易
便可以看到
顏料底下木
材的紋路。

塗多層或少層的水彩，便會產生比較深或比較淺的色調。在每次著色以前，一定要等前一次的顏料乾了喲！

1 我們把幾滴不同顏色的水彩混合在一起，這是第一層。

2 我們在上面畫棕色的樹幹和樹枝。

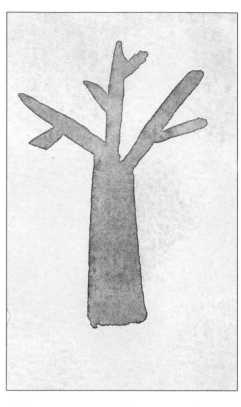

3 然後再加上葉子、草地等等的細部部分。

4 最後，在樹幹上加上深棕色的線條。

5

我們可以一層一層地塗上許多顏色。如果我們還沒等顏色乾了，就繼續畫下去，顏色便會混在一起，產生很有趣的效果喔！

當我們用水彩塗過水性彩色筆畫成的圖案時，
水彩會使圖案變得模糊不清楚。

1 拿一張水彩畫紙或是
棉紙，先用彩色筆在
上面描出圖形來。

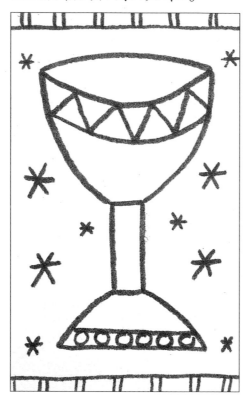

2 趁著彩色筆還沒乾
時，用水彩塗過圖形，
線條便會擴散開來。

3 我們可以把背景著色，
讓物體留白。

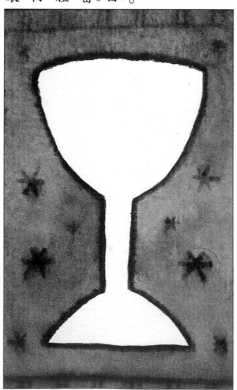

4 或者把整張畫都塗上
顏色。

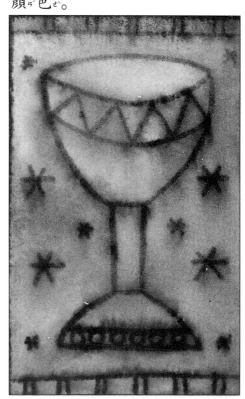

在我們塗下一個顏色以前，可先要讓其它部分的水彩都乾了，不然顏色會互相混在一起喔！

如果我們把水彩和一些香皂混合，便可以在很平滑的表面，像是玻璃、塑膠、亮光紙或是瓷器的表面著色喔！

1 我們可以在舊杯子、盤子或是亮光紙上著色。

2 我們用畫筆在還沒有乾的顏料上畫出圖案。

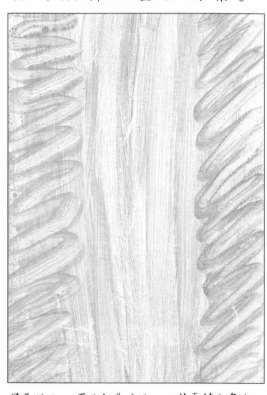

3 等顏料乾了以後，再畫上一些綠色的橢圓形……

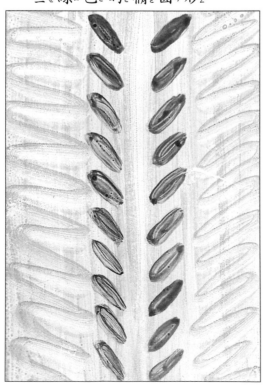

4 最後，再加上一些綠色的點。

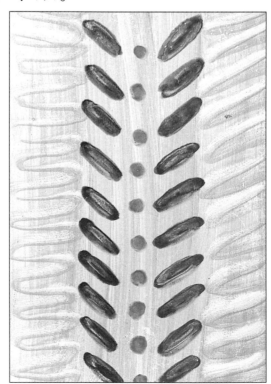

這幅圖是畫在玻璃上的。我們趁著顏料還沒有乾的時候，用手指頭又在上面增加了一些些紋路。

浮水染料是一種特殊的、防水的液體，它不會和水混合在一起。因為浮水染料在乾了以後，不會弄髒任何地方，我們可以用它來畫出清楚明確的輪廓。

1

先用鋼筆和浮水染料畫出線條來，等它乾。這個技巧我們也可以用油性彩色筆來畫喲！

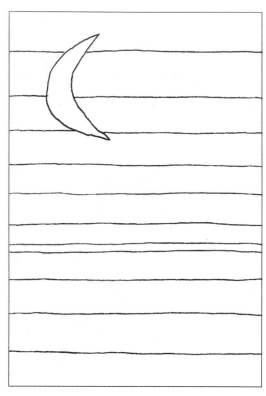

2

用一枝細的畫筆，把線條和線條中間的部分著色。

3

當我們塗下一個顏色以前，必須等前一個顏色乾了，不然顏色可是會混在一起的喔！在這裡，我們用不同的層次和顏色畫出一個海洋耶！

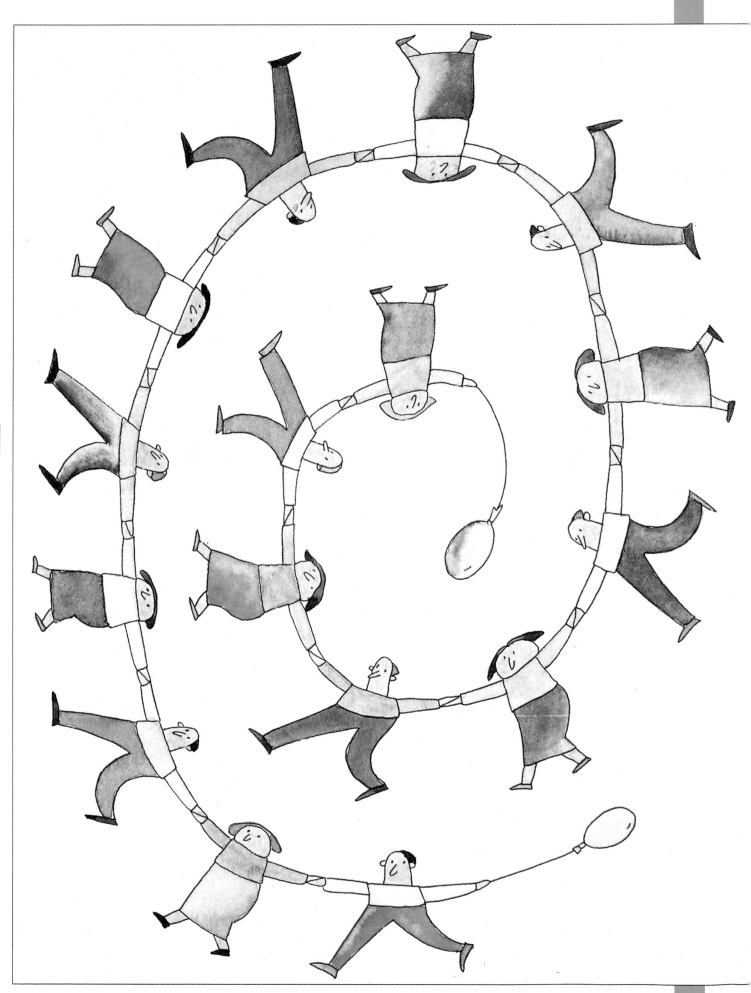

4

我ㄨㄛˇ們ㄇㄣ˙可ㄎㄜˇ是ㄕˋ
花ㄏㄨㄚ了ㄌㄜ˙好ㄏㄠˇ多ㄉㄨㄛ
時ㄕˊ間ㄐㄧㄢ，才ㄘㄞˊ
把ㄅㄚˇ所ㄙㄨㄛˇ有ㄧㄡˇ的ㄉㄜ˙
人ㄖㄣˊ物ㄨˋ都ㄉㄡ畫ㄏㄨㄚˋ
好ㄏㄠˇ喔ㄛ！先ㄒㄧㄢ
用ㄩㄥˋ浮ㄈㄨˊ水ㄕㄨㄟˇ染ㄖㄢˇ
料ㄌㄧㄠˋ把ㄅㄚˇ人ㄖㄣˊ物ㄨˋ
的ㄉㄜ˙輪ㄌㄨㄣˊ廓ㄎㄨㄛˋ畫ㄏㄨㄚˋ
出ㄔㄨ來ㄌㄞˊ；等ㄉㄥˇ
乾ㄍㄢ了ㄌㄜ˙以ㄧˇ後ㄏㄡˋ，
再ㄗㄞˋ用ㄩㄥˋ一ㄧˋ枝ㄓ
細ㄒㄧˋ的ㄉㄜ˙畫ㄏㄨㄚˋ筆ㄅㄧˇ
蘸ㄓㄢˋ水ㄕㄨㄟˇ彩ㄘㄞˇ來ㄌㄞˊ
著ㄓㄨˋ色ㄙㄜˋ。在ㄗㄞˋ
塗ㄊㄨˊ每ㄇㄟˇ個ㄍㄜˋ顏ㄧㄢˊ
色ㄙㄜˋ以ㄧˇ前ㄑㄧㄢˊ，
都ㄉㄡ必ㄅㄧˋ須ㄒㄩ等ㄉㄥˇ
前ㄑㄧㄢˊ一ㄧˊ個ㄍㄜˋ顏ㄧㄢˊ
色ㄙㄜˋ乾ㄍㄢ了ㄌㄜ˙喲ㄧㄡ！

如果我們把水彩和鹽巴等等的其它材料混合，便可以創造出令人驚奇而且特殊的紋路喔！

1

把鹽巴撒在還沒有乾的水彩背景上。乾了以後，便會出現像這樣的效果喲！

2

如果你想做出老舊的感覺，可以在著色以前，先塗上一層酒精。但是酒精是有毒的，所以一定要請大人來幫你喲！

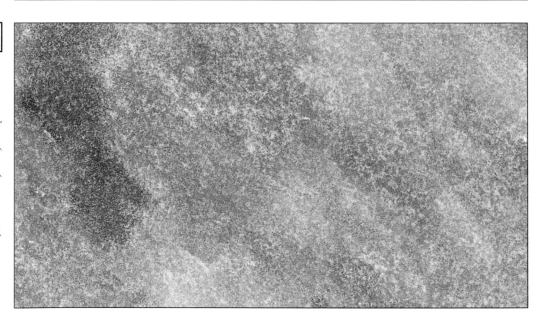

3

你可以剪下這兩種紙樣，這樣子就可以做出各種不同的拼貼畫*了。

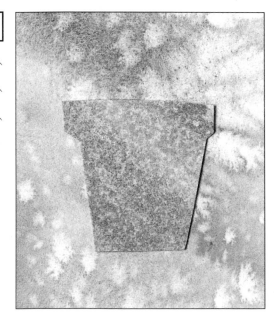 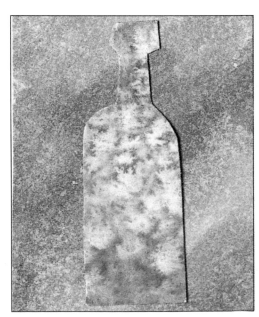

4

我ㄨㄛˇ們ㄇㄣ˙創ㄔㄨㄤˋ造ㄗㄠˋ了ㄌㄜ˙
一ㄧˋ幅ㄈㄨˊ有ㄧㄡˇ舊ㄐㄧㄡˋ花ㄏㄨㄚ
瓶ㄆㄧㄥˊ和ㄏㄢˋ舊ㄐㄧㄡˋ花ㄏㄨㄚ盆ㄆㄣˊ
的ㄉㄜ˙拼ㄆㄧㄣ貼ㄊㄧㄝ畫ㄏㄨㄚˋ。
棕ㄗㄨㄥ色ㄙㄜˋ的ㄉㄜ˙花ㄏㄨㄚ盆ㄆㄣˊ
和ㄏㄢˋ架ㄐㄧㄚˋ子ㄗ˙是ㄕˋ用ㄩㄥˋ
酒ㄐㄧㄡˇ精ㄐㄧㄥ和ㄏㄢˋ水ㄕㄨㄟˇ彩ㄘㄞˇ
畫ㄏㄨㄚˋ成ㄔㄥˊ的ㄉㄜ˙，藍ㄌㄢˊ
色ㄙㄜˋ的ㄉㄜ˙花ㄏㄨㄚ瓶ㄆㄧㄥˊ是ㄕˋ
用ㄩㄥˋ水ㄕㄨㄟˇ彩ㄘㄞˇ和ㄏㄢˋ鹽ㄧㄢˊ
巴ㄅㄚ˙。右ㄧㄡˋ邊ㄅㄧㄢ上ㄕㄤˋ
面ㄇㄧㄢˋ的ㄉㄜ˙藍ㄌㄢˊ色ㄙㄜˋ盤ㄆㄢˊ
子ㄗ˙是ㄕˋ用ㄩㄥˋ水ㄕㄨㄟˇ彩ㄘㄞˇ
和ㄏㄢˋ滑ㄏㄨㄚˊ石ㄕˊ粉ㄈㄣˇ畫ㄏㄨㄚˋ
的ㄉㄜ˙。因ㄧㄣ為ㄨㄟˋ我ㄨㄛˇ
們ㄇㄣ˙事ㄕˋ先ㄒㄧㄢ並ㄅㄧㄥˋ不ㄅㄨˋ
知ㄓ道ㄉㄠˋ鹽ㄧㄢˊ巴ㄅㄚ˙和ㄏㄢˋ
顏ㄧㄢˊ色ㄙㄜˋ上ㄕㄤˋ的ㄉㄜ˙粉ㄈㄣˇ
會ㄏㄨㄟˋ怎ㄗㄣˇ麼ㄇㄜ˙混ㄏㄨㄣˋ合ㄏㄜˊ，
所ㄙㄨㄛˇ以ㄧˇ會ㄏㄨㄟˋ產ㄔㄢˇ生ㄕㄥ
出ㄔㄨ真ㄓㄣ正ㄓㄥˋ令ㄌㄧㄥˋ人ㄖㄣˊ
驚ㄐㄧㄥ奇ㄑㄧˊ的ㄉㄜ˙畫ㄏㄨㄚˋ喔ㄛ！

詞彙說明

畫材：我們用來畫畫的東西，可以是紙、布，或是木材等等。

留白：表面保留不畫的部分。

技巧：製作一種東西的方法。

紋路：物體表面看起來或摸起來的感覺，可以是粗糙的、平滑的、凹凸不平的等等。

背景：人物背後的部分，好像舞台的佈景或是裝飾一般。

正面：人物和背景呈現出來的色彩和我們平常看到的一樣。

反面：人物和背景的色彩相反，也就是黑的變白的，白的變黑的。

圖案：在圖畫裡佔最主要的部分。

拼貼畫：把各種不同材質的原料組合、黏貼在一起做成的畫。

伍史利的大日記

——哈洛森林的妙生活（I）（II）

Linda Hayward 著　本局編輯部 譯

有一天，一隻叫伍史利的大熊來到一個叫做「哈洛小森林」
的地方，並決定要為這森林寫一本書，這就是
《伍史利的大日記》！
日記裡的每一天都有一段歷險記或溫馨有趣的小故事，
你愛從哪天開始讀都可以，隨你高興！
趁著哈洛小森林的動物們正在慶祝著四季的交替
和各種重要的節日時，隨著他們的步伐，
一同走進這些活潑的小故事中探險吧！